Für meine Eltern

Bibliografische Information der Deutschen Bibliothek
Die Deutsche Bibliothek verzeichnet diese Publikation in der Deutschen Nationalbibliografie;
detaillierte bibliografische Daten sind im Internet über http://dnb.ddb.de abrufbar.

© 2007 by Residenz Verlag
im Niederösterreichischen Pressehaus
Druck- und Verlagsgesellschaft mbH
St. Pölten – Salzburg

www.residenzverlag.at

Text und Illustrationen: Martina Badstuber
Satz: Silvia Wahrstätter, buchgestaltung.at
Druck: Druckerei Theiss, 9431 St. Stefan im Lavanttal

ISBN 978 3 7017 2023 1

MARTINA BADSTUBER

Ein Weihnachtsbaum für Frau Elefant

Residenz Verlag

Die Eisblumen blühen, die geschmückten Bäume glitzern, und es duftet nach Zimtsternen – das sind Lilos Lieblingskekse.

Bald ist Weihnachten!

Lilo sucht heimlich die frisch gebackenen Kekse, die Mama irgendwo versteckt haben muss. Aber wo?

Gefunden!

Lilo liebt Weihnachen.
Und sie liebt Frau Elefant
aus der Parterre-Wohnung.
Frau Elefant liebt Lilo.
Und sie schwärmt für
Weihnachtsbäume.
Seit Wochen spricht sie
von nichts anderem.

Abgabe
nach
Weihnachten

Auch bei der Arbeit im Zoo kann Frau Elefant an nichts anderes mehr denken.

Immerzu träumt sie von einem **frischen Weihnachtsbaum**.

Pommes
Currywurst
Cola
Limo
Eistee
Zuckerwatte

Souvenirs

Personal-
ausweis

Leider kann sie sich den nicht leisten.
Zwar bringen die Besucher jedes Jahr
nach den Feiertagen ihre ausgedienten
Weihnachtsbäume, aber das ist auch kein Trost.
Die Bäume sind dann nämlich schon alt, die
Nadeln rieseln – und Weihnachten ist vorbei.

Lilo weiß, wie sehr sich Frau Elefant einen Weihnachtsbaum wünscht.
Wenn sie ihr nur einen schenken könnte! Leider reicht ihr Taschengeld nicht aus.
Sie überlegt hin, und sie überlegt her. Da hat sie eine Idee: „Ich frag meinen Opa,
der hat ein kleines Waldstück am Rande der Stadt. Er wird mir sicher ein
Bäumchen geben für Frau Elefants Weihnachtsfest."

Gesagt – getan!

Frau Elefant ist begeistert!

Ein **eigener** Weihnachtsbaum, ganz frisch, ganz für sie allein –
und natürlich für Helmut, ihren Kanarienvogel!
„Wie wunderbar", schwärmt sie. Voll Glück und Entzücken hüpft sie auf
und ab, bis der Boden wackelt. Sie legt Lilo den Rüssel um die Schultern und
flüstert ihr ins Ohr: „Vielen, vielen Dank, Lilo.
Du weißt ja gar nicht, was für eine **Freude** du mir gemacht hast!"

Damit der Weihnachtsbaum bis zum Heiligen Abend
frisch bleibt, stellt Frau Elefant ihn auf den Balkon.
Jeden Abend, wenn sie vom Zoo nach Hause kommt,
bewundert sie ihn und streichelt ihm sanft
über die grünen Nadeln.
Für Frau Elefant ist er der schönste Weihnachtsbaum überhaupt.
Jede Nacht läutet der Wecker zweimal. Dann steht Frau Elefant auf
und sieht zusammen mit Helmut nach, ob der Baum noch da ist.
Zum Glück! Es war doch kein Traum!

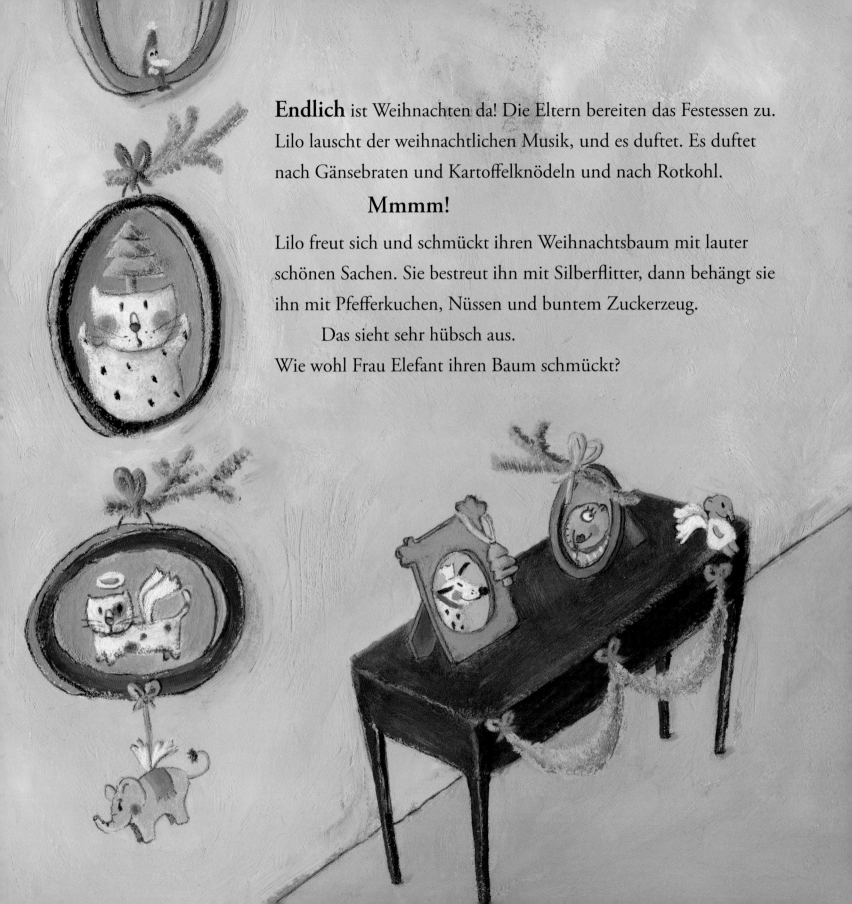

Endlich ist Weihnachten da! Die Eltern bereiten das Festessen zu. Lilo lauscht der weihnachtlichen Musik, und es duftet. Es duftet nach Gänsebraten und Kartoffelknödeln und nach Rotkohl.

Mmmm!

Lilo freut sich und schmückt ihren Weihnachtsbaum mit lauter schönen Sachen. Sie bestreut ihn mit Silberflitter, dann behängt sie ihn mit Pfefferkuchen, Nüssen und buntem Zuckerzeug.

Das sieht sehr hübsch aus.

Wie wohl Frau Elefant ihren Baum schmückt?

Endlich ist Weihnachten da! Im Backrohr werden die Kekse für Helmut braun.
Frau Elefant lauscht der weihnachtlichen Musik, und es duftet.
Es duftet nach Vanille-Butter-Sternen.

Mmmm!

Frau Elefant freut sich auf den Festschmaus.
Sie bestreicht ihren Baum mit zerlassener Butter,
damit der Zucker-Zimt-Staub besser daran haftet.
Dann behängt sie ihn mit Bananen, Äpfeln und
Orangen. Das sieht sehr hübsch aus.

Das Essen ist fast fertig, bald wird das Glöckchen läuten
und Lilo zur Bescherung rufen.
Lilo macht sich fein. Sie dreht sich die Haare ein, pudert sich
die Nase und schmückt sich. Dann zieht sie ihr schönstes Kleid an.
In einer halben Stunde wird sie vor dem Baum singen und
ihre Geschenke auspacken.

Alles ist so aufregend!

Helmuts Kekse sind fertig gebacken, jetzt kann Frau Elefant endlich auch
ihren eigenen Festtagsbraten ins Backrohr schieben.
Während der **Tannenduft** sich ausbreitet, macht sie sich fein.
Sie pudert sich den Rüssel und schmückt sich mit ihrer schönsten Kette.
Dann zieht sie ihr festlichstes Kleid an. In einer Stunde will sie sich
feierlich zu Tisch setzen und zusammen mit Helmut
den **Weihnachtsschmaus** genießen.

„Was für ein schönes Fest", denkt Lilo.
Das Essen schmeckt **wunderbar**.
Lilo freut sich, dass sie auch Frau Elefant
fröhliche Weihnachten bescheren konnte.
    In ihrem Bauch kribbelt es vor Neugier.
Wie Frau Elefants Weihnachtsbaum wohl aussieht?
Am liebsten würde Lilo runterlaufen und sich
den Weihnachtbaum ansehen. Die Eltern sind
einverstanden – Lilo trippelt ganz leise los.

Frau Elefant genießt den Schmaus,
bis vom Weihnachtsbaum fast nichts
mehr übrig ist.
Sie bietet auch Lilo einen Ast an, aber
die hat ja schon gegessen. Lieber nascht
sie noch einen Vanille-Butter-Stern.

„Was für ein schöner Weihnachtsbaum!", seufzt Frau
Elefant glücklich. Lilo und Helmut finden das auch.
Was für ein schöner Baum, was für ein
wunder-wunderschönes Fest!